Besos de Sol

OMARA FERNANDA

cada vez que me lees
me llenas de besos de sol.

Índice

Introducción	*7*
Dedicatoria	*9*
CAPITULO I Besos	*10*
CAPITULO II Insolación	*65*
CAPITULO III Nueva Piel	*112*

Besos de Sol

Introducción

el sol me llenó de besos
y mi piel blanca se volvió más suave, con
un tono más bronceado y brillante
como el de un girasol,
que florece gracias a los rayos de luz
de un hermoso amanecer.

Besos de Sol

Dedicatoria

dedicado a ti… y a mí también.

CAPITULO I
Besos

sábado, a eso de las tres de la tarde
me encontraba en una fiesta de cumpleaños
donde todos los invitados íbamos de blanco
el salón abierto lleno de personas
muy bien parecidas y arregladas
y en esa multitud "uniformada"
en extremos opuestos cruzamos miradas
ese hombre muy apuesto y yo muy delicada
en ese instante sentí cómo la brisa me elevaba el pelo
y el vestido color blanco hueso que llevaba puesto
se me erizó la piel
fue así como entendí que le daba la cara
a mi destino [más cercano]
a una nueva ilusión.

me le quedé viendo unos instantes
un poco más de lo normal
mi tierna y penetrante mirada fue una breve invitación
cuando finalmente sucedió nuestro encuentro
frente a frente
tuve la valentía de preguntarle cómo se llamaba
me "balbuceó" su nombre.

– lo intimidé.

esa noche que me besó
conocí al sol en la oscuridad.

si entendieras lo que en ti veo
entenderías por qué me aferro y no te suelto.

de tanto tenerte presente me colapsaste el pensamiento
eres el último recuerdo de mi corta memoria.

– estás congelado en mi cabeza.

porque lo inesperado siempre
sucede cuando menos lo deseamos
exactamente no te esperaba
y mucho menos deseaba
me desperté ese día liviana
sin peso en mis pensamientos
tensión en mi pecho
y sin nudos en mi garganta
estaba plena
solo sentía plenitud por mí
y por fin después de tanto tiempo
mi mente, mi razón y mi corazón estaban alineados
y ese día en mi plenitud máxima llegaste tú,
llegaste con tus rayos de luz
tan fuertes como la luz del sol.

a este hombre no logro definirlo
él produce en mí
fuego, pasión
me da una mezcla de miedo,
pero también de calor
de mucha satisfacción
tengo curiosidad
por saber qué hay detrás
quiero experimentar.

sé que estoy un poco loca
pero más loco estas tú
que, después de todo,
aún te desplomas a solas ante mí.

me **atrae** su nivel de convicción,
de privacidad,
de análisis ante la vida
los que lo rodean
y un poco más.

después de tres décadas de edad
me presento formalmente ante la malcriadez
si no me das mis besos de sol
me pongo malcriada.

no sé qué estoy haciendo
creo que me estoy enloqueciendo

ya hemos salido varias veces
y cuando no lo veo, me pongo impaciente

quiero dormirme temprano
para que me pasen los días volando

no me importa nada
solo el día de su llegada

no sé qué me está pasando
creo que me estoy enamorando.

mi amistad es sencilla, como mi amor.

líder
brilla a donde sea que vaya
cautiva por su esencia y fuerte personalidad
después de cautivar, te envuelve y te amarra
a mí me envolvió en su amistad,
solidaria y detallista
me inspira y jamás la quiero soltar
claro, del signo Leo tenía que ser.

– las amistades son la familia que elegimos, y yo te elegí a ti.

yo no soy tu estilo o tipo de mujer
yo soy más, mucho más
yo soy la que te da calor
yo soy la que te da seguridad
yo soy la que te da naturalidad
yo soy la que te toca la vulnerabilidad
y eso a ti te quema tu esquema.

– yo soy la que se extraña cuando ya no está.

mi mejor amiga le preguntó:
¿hasta dónde serías capaz de llegar para conquistarla?
y él contestó: hasta donde sea necesario

insistió mi mejor amiga:
¿y qué es lo que más te gusta de ella?
te advierto, solo puedes decir una cosa
puede ser física o personal

él respondió nuevamente:
comenzaré con lo físico que eso me lleva a lo personal:
su sonrisa.

– un hombre que, en lo más simple, pudo ver mi alma.

a su lado me hacía sentir la mujer más hermosa
y eso se lo agradeceré toda la vida
por regresarme seguridad y hacerme sentir especial.

ese hombre que manifestaba dificultad en la vista
dificultad para ver de lejos
dificultad para ver de cerca

le pregunté: ¿y a mí? ¿a esta distancia me ves?
me respondió **firme**: a ti te veo perfectamente
a ti te veo muy bien.

me preguntaron: ¿y cuál es tu tipo de hombre?
respondí sin tomarme el tiempo de pensar,
respondí de puro impulso:
un hombre que brille tan poderoso como el sol,
un hombre bueno, de buen corazón.

me ponías el corazón y la imaginación a volar
cada vez que con tus delicadas manos
me rozabas los labios
y ponías mi pelo detrás de la oreja.

me enseñaron desde muy pequeña
el verdadero significado de la humildad
me educaron para serlo
como buena humana, hay muchas cosas
que tengo que mejorar, trabajar
y la poca humildad que tengo
cuando me expreso de ti es una de ellas
perdón,
pero es inevitable no presumirte con tanta grandeza
eres mi premio más grande,
eres mi lujo más extravagante.

– eres mi papá.

después de los días que te viví
donde reinaba tu ausencia
entendí que me habías más que simple gustado
no eran solo esos besos de sol que me habías dado,
fue más tu amistad, nuestra complicidad y privacidad
las que me han bronceado.

– cuando el sol nos besa con dulzura, nos broncea con sabor,
cuidado, madurez y ternura.

te habías convertido en mi hora loca
besos por aquí y por acá a esa hora,
abrazos por allí y por allá porque toca
y un par de risas infinitas porque nunca sobran.

solo mi almohada es testigo de todas esas noches desveladas donde tu recuerdo irrumpe con mis sueños.

mi vida privada es tan preciada
que prefiero dejarla así tal cual está.

quiero que me busques como yo quiero
pero sin que pierdas tu encanto,
que fue él quien me cautivó primero
pero ahora que lo pienso
la verdad, ya ni sé qué es lo que quiero
me gusta mucho la idea de que quieras tomar tus pausas,
pero también quiero asegurarte sin llenar mi mente de dudas
de lo que sí estoy segura
es que quiero que me quieras como yo a ti te quiero.

él no me envolvió de primer impacto
como un relámpago
él llegó suavecito
como los rayos del sol
de un hermoso amanecer
seguro, nuevo,
refrescante y brillante.

– llegó con cautela.

a todo lo que me irradia luz
le digo que sí
no lo pienso dos veces
ya que, si no estoy mañana,
pude tocar el cielo saboreando más besos de sol
que si hubiese dicho que no.

solo para volver a vivir lo vivido
soy paciente y muy inteligente
a mis impulsos ni los asomo
así me muera del antojo
solo los saco a pasear
con unos traguitos de más
cuando lo tengo en frente
muy conveniente
para decirle todas las veces
que ha patinado por mi mente.

el tequila y mis feromonas
se volvieron mejores amigas
todo mal, pero todo bien.

experimentamos las técnicas del beso
descubrimos que hay distintos tipos de beso
eso solo lo amoldaba el sentir de nuestro momento
había besos cortos, pequeños, toscos,
largos, suaves, tiernos, intensos, salvajes
y luego existen esos instantes antes del ser besado
para mí, son esos los segundos más llenos de adrenalina.

– el arte de besar.

cuando te enfocas y valoras
lo bueno, lo bueno se pone mejor.

soy amante del flow clandestino,
más íntimo,
más privado
tal vez me he vuelto más egoísta
y solo quiero compartir tu energía con la mía
que lo vivido solo lo sepamos
tú y yo.

– low key.

el sol
se sabía de memoria
mis pecas
me contaba todas las pestañas
me prendía
me erizaba la piel
él ya me conocía muy bien.

miraba a mi próximo reto,
mi próximo sueño,
mi próxima meta,
como yo saboreo con la mirada
a mi café caliente
de todas las mañanas

satisfecha, decidida por esa probada
y feliz por el inicio de una nueva semana.

dejé que el sol me besara completa
y descubrí
que hay una gran diferencia
entre lo sensual y lo sexual

la **sensualidad** es intimidad, conexión
la **sexualidad** es física y hay mucho furor

se necesita la mezcla de ambas
para experimentar y vivir con otro
una ocasión **plena** y **real**
entre sábanas y pura piel

– hacer el amor no es lo mismo que tener sexo.

si tus palabras fueran tangibles,
quizás yo sería más sensible
tal vez, viviríamos experiencias increíbles.

te quiero de colores

te quiero (azul)
– infinito, para que estés consciente del tiempo
que quiero estar contigo.

te quiero (amarillo)
– solidario, para que siempre estemos rodeados
de nuestros amigos más cercanos.

te quiero (rojo)
– apasionado, para verte aferrado a tus sueños
y metas que tanto has anhelado.

te quiero (verde)
– brillante e inteligente, para que tomes
la decisión correcta constantemente.

te quiero (rosa)
– delicado y tierno, para admirar tu sensibilidad,
aprender de tu nobleza y protegerte de la gente.

te quiero (blanco)
– alegre, para vivir a tu lado momentos hermosos
que recordaremos en esta vida siempre.

te quiero (morado)
– impulsivo, para que no pienses dos veces el venir a verme.

hasta la persona más sensata
podría perder la cordura
con tan solo compartir
pequeños instantes junto a ella.

de día, besos del sol en mi cuerpo
de noche, mis pecas se vuelven estrellas en el cielo.

tu mundo
te siento, me sientes
te miro, me miras
te entiendo, me entiendes
te beso, me besas

compenetramos ambas energías
como cuando el sol y la luna tienen un encuentro,
como un eclipse solar en el espacio
que no sucede todo el tiempo

porque cada peca de mi cuerpo es una estrella en el cielo
cada peca en mi cuerpo también es un beso de sol
que aparece cada vez que me acaricias, me miras
y me llenas de sobrados momentos de ternura y delicia.

una conexión instantánea
es como degustar un buen vino nuevo
te envuelve a la primera probada,
tanto así que no te conformas
con una sola copa
quieres más, y otra más,
y un poco más
al punto que, sin darte cuenta,
te terminaste la botella completa.

– cuando los "excesos" son muy buenos.

después de cada caída de la montaña rusa,
corría a los brazos de mis padres
pero no para desaparecerme
de mi realidad o de mi mundo,
sino para sentirme
importante
amada
halagada
es ahí, con ellos dos, donde me siento más feliz.

– niña grande, niña consentida.

tu energía es tan fuerte alrededor de la mía
que ni la mismísima gravedad
puede sostener mis pies en la tierra.

– a tu lado floto en el aire.

aquí estoy para ti
de lejos y de cerquita
en lo feo y lo bonito
de alma y presente
en tesoros y experiencias
de verdad y real
en los altos y los bajos
para ti incondicional
así es mi lealtad.

cada vez que me leas quiero que me sientas.

la distancia sirve para acumular besos, abrazos y miradas
a veces tenemos que vernos menos
para así extrañarnos mucho más.

su mirada tan dulce
su sonrisa tan encantadora
y su olor tan suave
tan peculiar
los guardé en el baúl
de mis recuerdos
para cuando quiera
seguir soñando al despertar.

cuando me miras fijamente a la boca
esa misma se hace agua.

ante ti quiero confesarme
aunque me da miedo que me rechaces
por querer mostrarte todo lo bonito
que tiene mi corazón para darte.

estoy ardiendo en el deseo
por cada recuerdo,
por cada mirada.

a medida que voy y me vas envolviendo
no me salen las palabras exactas
para expresar lo que se siente
porque al ser tú el primer plano de mis ojos,
mis labios quedan sin léxico
porque eres más de lo que puedo poner en palabras
una vez más hablaría más rápido de lo que pienso
y otra vez más estaría decepcionando
a mi inteligencia emocional
porque contigo no puedo actuar con cautela
ni calcular mis acciones
para la siguiente jugada de "jaque mate" que quiero dar
porque yo también te quiero intentar enamorar.

todo iba muy bien
hasta que comenzó a controlar
todos mis sentidos
eso nunca me había pasado
eso descoordinaba los pasos de mi ritmo.

todos los regalos "perfectos" de la vida vienen de arriba,
más arriba de la cima,
más allá de donde sale el sol
que ni sus rayos se aproximan.
le llaman "cielo" al famoso país de las maravillas.

– DIOS.

CAPITULO II

Insolación

entre más brille el sol
más oscura es la sombra.

de tanto contemplarte
admirarte, adorarte
se me fueron los tiempos
te puse a ti primero
y de mí me olvidé por completo
me insolé, te lloré, me desvelé
estaba dolida
más allá de eso, perdida.

tus besos y miradas decían que sí
y tus palabras a veces decían que no
es ahí donde me culpaste a mí.

odio verte a los ojos
y saber que nos sentimos diferente
por eso esa noche decidí irme
dejarte y no volver a verte.

pronto volveré
y esta vez estaré
más estable y firme que ayer

solo dame chance

de recuperarme
de todos los daños
que me dejaron
aquel viernes de mayo por la tarde

solo dame chance

de hacer las paces
con todos los monstruos
que habitan en mi cabeza
después de ese desastre.

-Bogotá, Colombia 5/2022.

fui "emocionalmente" muy fácil
fui "emocionalmente" tremenda
le revelé demasiado muy rápido.

–mis sentimientos.

me llevaste a una guerra
de armas, trampas y estrategias bien calculadas
y yo sin nada para protegerme
solo tenía mis sentimientos y poemas
para defenderme.

te fuiste, me soltaste y te rogué
"por favor vuelve, no me dejes".

después de esa noche
cuando mis demonios salieron de su jaula
me senté en ese bar acompañada de mi pena moral
y brindamos con una buena copa de vino
¿qué más da?
ya lo hecho, hecho está.

sentía que me juzgaban
que hablaban a mis espaldas
me sentía avergonzada, subestimada
decidí correr
yo simplemente me quería desaparecer.

la verdad no odio nada
pero **detesto** recordarme de cosas de las cuales
no me quiero recordar
sobre todo, cuando estuve bajo los efectos del alcohol.

no salía de día
me hice amiga de la noche
la oscuridad me comprendía cuando nadie más lo hacía
me ayudaba a disimular mis quemadas y heridas.

se me revuelve el estómago de solo recordar
cómo me abrí en todos los sentidos contigo.

la escuchaba expresarse de mí
y se me salían las lágrimas
mi corazón temblaba del dolor
era inevitable.
pero no lloraba por cómo me denigraba
con su léxico frio y muy decorado
lloraba porque sentía pesar por ella
lloraba porque me daba dolor
lo vacía y gris de su alma
y por mí
yo solo sentía pena
pues le brindé tanto a una persona
que desconozco o que tal vez nunca conocí
me embelesé con alguien que no existe.

–amistades por conveniencia.

no hay nada que me aterre más que el hecho de pensar
que he mal gastado mi tiempo lleno de orgullo
tiempo molesta
tiempo lleno de "incomodidad"
porque el tiempo es lo único que no regresa
y no lo podemos controlar
yo lo único que quiero es tiempo
tiempo contigo
y cuando ya no estés
es lo único que no me perdonaré.

los seres humanos cometemos el gran error
de pensar que todos pensamos como uno mismo.
es ahí donde nos llevamos gran parte de las decepciones
porque no todos tenemos el **corazón** tan **grueso**
porque no todos tenemos la **empatía** tan **marcada**
porque no todos tenemos la **sensibilidad** tan **transparente.**

te educaron para quedar bien ante la sociedad
no a saber actuar ante la adversidad
lo que hace que tus valores y tu moral
se inclinen hacia la superficialidad,
no hacia la bondad
no te compares conmigo
te lo digo con mucha honestidad
si tú muy bien sabes que a mí
lo que me sobra es lealtad
huyes cuando la vida aprieta y culpas a los demás
ahora que lo pienso, qué poca solidaridad
aunque con el tiempo aprendí
que solo fui un instrumento en tu vida
para enseñarte lo que es la humildad
y el amor de verdad.

la ansiedad predomina en mí
se manifiesta en mis sueños y es ahí donde ataca más
siento como si me pusieran una bolsa de plástico en la cabeza
y cuando revienta se me acelera la respiración
a veces siento que la pierdo
abro los ojos y no logro quitarme la bolsa de encima
como si me estuviese asfixiando y no existiera otra salida.

cuando mi frecuencia vibra muy alta
en la subida todo se ve de maravilla
a veces me da miedo porque sé que la bajada es inesperada.

creí en cada letra
hasta en cada vocal
creí en cada palabra
creí en cada oración que salió por tu boca
de lo bien, lo lindo, lo rico que era estar conmigo
quizás obvié los *red flags*
qué tonta.

después de tanto tiempo nos volvimos a encontrar
me atraganté cuando me tocó saludarlo
mi **"hola"** no fue fluido
sin un gramo de arrepentimiento
solo volvió a limpiar su imagen
qué desastre

me lloraste

te justificaste
fuiste cruel
creyendo que estabas quedando bien.

la erupción "emocional" en mi piel
fue consecuencia del aumento en la temperatura de mi ira
esa que me carcome y no logro dominar.

– más autocontrol interno.

pensé que podía controlarlo todo
tan intransigente, decidida
pero cuando se trata de amor
nada es predecible
porque al corazón nada ni nadie lo controla.

en ese momento de impotencia
se apoderó de ti la rabia
acompañada de tus impulsos
y me robaste la oportunidad de contar en mi tiempo [perfecto]
mi secreto
era mío para confesar
no tuyo para divulgar
ahora mi pena es compartida
y mi dolor no es protegido.

existen las personas con **carencias**
y también las personas con **excesos**
ambas arrastran heridas
la única diferencia es que la primera las arrastra desde la niñez
y la segunda desde que sale de su nido de amor
y burbuja de protección.

–siempre lo que se tarda en salir duele más.

la confianza tiene sus límites
y cuando aquellos límites son sobrepasados
lamento informarte que entonces presentas escasez
en modales y educación.

guarda tus lágrimas para otro día
porque a mí hoy
no me queda ni un gramo de empatía.

¿cómo puedes dormir profundo
sabiendo que me arrastraste a un inframundo?

¿cómo puedes reír a carcajadas,
sabiendo que me enterraste viva, llena de heridas infectadas?

¿cómo puedes continuar con tu vida como si nada,
sabiendo que me señalaban y hablaban a mis espaldas?

¿cómo puedes negar lo que tuvimos,
sabiendo lo que sentimos, vivimos y fuimos?

quería jugar a ser la dura
pero hasta la mujer más fuerte e independiente
a veces necesita un poquito de ayuda
de unas manos más grandes y fuertes
que en esos momentos turbios
tal vez la hagan sentir más segura.

admirarte tanto a ti
me quema largos ratos a mí
es como admirar al sol en Acapulco
siempre es fuerte y único
tan único que mi piel blanca
a veces no lo resiste y se quema
al punto de presentar una insolación.

–cada vez que logras algo grande como lo eres tú
me insolo
me lastimo
te pongo a ti primero
y de mí me olvido.

parece difícil de creer
pero son aquellos que más han sufrido
los que más aman y más dan.

hay ilusiones efímeras
hay ilusiones eternas.

hay experiencias que nos cambian la mirada
que nos arrebatan la luz de los ojos
qué impotencia, lo que más le daba brillo a mi mirar
fue lo que la opacó.

llevaba cinco meses huyendo,
caminando sobre el dolor descalza
y me di cuenta de que la rabia pesa más que el cemento
que las palabras se las lleva el viento
y las lágrimas son el mejor amuleto.

ahora que volví a nacer
solo siento compasión
solo te deseo el bien
volví a la vida y borré casete
ya ni sé cómo o quién es
en cambio, para él siempre seré
"la femme fatale" preferida
de su Hitchcock estilo de vida.

no hables en plural
porque entre tú y yo
yo soy mejor
yo soy más leal.

me alejé de Dios
conocí a la perfección
lo feo y el terror
volví a la iglesia para hallarme
confesándome le dije al padre
que mi único pecado fue quererte
y protegerte demasiado.

me usaste
para mostrarme
ante tus amistades
de lo que no te percataste
fue de todos esos instantes
alucinantes
donde
me enamoraste
y al enterarte
me dejaste por cobarde.

me escondiste como un secreto
te mostré como trofeo

me usaste como estrategia
te protegí como amuleto

me dejaste sin remordimiento
te busqué con fe llena de miedo

me trataste como nada
te traté como todo.

pusiste en riesgo la vida de una persona
que solo por ti amor sentía
qué ironía la vida
y cuando sea tu turno
deseo que el bumerán
no atente contra la tuya
como hizo con la mía
porque yo si me viese afectada
ya que por ti mi corazón aún latía
qué ironía la vida
después de tanta humillación aún existía
un rinconcito de compasión
y alguna que otra alegría
qué ironía
cómo a veces funciona la vida.

antes sentía rabia
ahora solo siento compasión
ojalá DIOS sienta compasión hacia ti
y no te ponga a sufrir
como yo lo hice por ti.

seré el poema que te quebrará al leer
porque a mí me lees, eso lo sé
y entre tu colección de libros me tienes
tienes a mis dos bebés
seré el poema que te transportará a otro portal
sin importar con quién estés
así estés pasándola bien
lo siento, el karma es real,
es lo que es.

me llegó el rumor
que tienes novia nueva,
una costeña

lo siento tanto
ahora tu nueva pareja
tiene lo que era
antes mi problema

sabes, la vida da muchas vueltas
vendrás tocándome la puerta
contándome que no era lo mismo con ella

sé que en las pocas cosas
que retumban en tu cabeza
están todas las veces que a solas
te decía con honestidad
lo que mi corazón veía que eras
para alegrarte el día y subirte el autoestima

me llorabas y a la vez me sonreías
diciéndome que me querías en tu vida.

los amores **cobardes** nunca llegan a amores
los amores **reales** son valientes y luchadores.

me desaparecí,
me escondí

te "encontraste",
la "encontraste"

te jurabas en el cielo
yo conocí el infierno
en carne y hueso.

volví a la vida
volví a nacer
ahora soy mi verdadero ser

no busco, ahora atraigo
no me "opaco", ahora deslumbro

ahora me observas con anhelos
ahora cada día que pasa más te olvido
y tú más me recuerdas.

al amor ya lo conocí en la oscuridad
ahora solo lo quiero experimentar en la claridad.

CAPITULO III

Nueva Piel

después de todas esas heridas
mi mejor remedio
fue dormir
matar los días junto al dolor
para que no fuera tan duro el duelo,
pero ahora temo continuar ausente
en los mejores días y noches de mi presente
no quiero seguir cerrando los ojos para dormirme
ahora solo quiero abrir mi corazón
para enamorarme.

llegué a un punto de mi vida que me cansé de tratar
de gustarle a todo el mundo
porque la realidad es que a mí
no me gusta mucha gente.

siento compasión por ti
me sigues buscando en cada mujer.

hice la paz con todo lo que se rumora a mis espaldas,
también con el tiempo me enamoré
de mis imperfecciones
que por mucho tiempo fueron criticadas por montones
total, no lo puedo controlar
el que me conviva que saque sus propias conclusiones
lo más seguro es que más de uno sienta pena ajena
por haber dado fuertes opiniones.

cambiamos
después de habernos **enamorado** – cambiamos
después de salir **heridos** – cambiamos
el **amor** y el **dolor nos cambian**.

la vanidad de existir
y el misterio de los impulsos.

en un mes pasa tanto
te quedarás asombrado de lo inesperado
no trates de tener control total del futuro
juega la ruleta de la vida
con todas sus sorpresas
eso sí, nunca dejes de sorprenderte,
ni en lo más mínimo.

la escritura [suspiró]
me levanta
me eleva
vivo inspirada entre tanto vocabulario
tantos adjetivos
qué divino es encontrar el camino
de lo que a uno le apasiona y mantiene vivo.

mi presente
está latente,
es muy evidente

tengo otra perspectiva
desde que soy el personaje principal
en la historia de mi vida

primero yo,
y después todo lo demás

llegó este nuevo ser
y se llevó el primer lugar
es cuando menos te lo esperas
las heridas sanan sin avisar.

y poco a poco fui botando la insolación y la piel muerta
que arrastraba junto a ella
para darle su llegada triunfal a mi nueva piel
suave y lisa
como la de un bebé.

–refrescante y genuina.

cuando tenga mi familia,
mis hijos y esposo,
los protegeré
mi sol y mis rayos de luz serán mi santuario,
mi lugar más preciado
no todos tendrán la dicha de presenciar tanto brillo
porque la luz se protege de la sombra
y más si es oscura.

tiempo
es lo único que le pido a la vida
más tiempo al tiempo
para así extender mis recuerdos
extender los días, las horas, los minutos
hasta esos 'pequeños' instantes
que llamamos
segundos
que algunos son bastante alucinantes.

mi pasión es infinita
es profunda como el mar y el cielo azul
como los rayos de sol que recaen sobre mi cuerpo
lo traspasan y llegan a cientos de kilómetros
así es mi pasión
por ti, poesía mía
y por la vida.

el alma
[niña interior] de la mano de los misterios de nuestros impulsos
y latidos del corazón que se reactivan con una frecuencia
que muchos llamamos: química o energía muy peculiar.

el ego
[la doble moral] que a veces
tiene encuentros esporádicos con el orgullo
y lo que está visto por una sociedad
tal como lo que consideran que es "lo correcto".

– batallas y un poco más.

son mis átomos los que no dejan de brillar cuando me sobra alegría.

aquí estaré siempre
en lo feo y en lo bonito
sobre todo, en lo feo
ahí es cuando estaré más
ahí es cuando estaré más para ti.

y es cuando domas al ego, no el ego a ti
que te sientes completamente **poderoso**.

– ¿ahora me espías?
– tendría que considerarte muy interesante para malgastar mi tiempo espiándote.

fue cuando me volví a perder que entendí
que aún seguía evolucionando,
creciendo y aprendiendo.

de los girasoles que adornan mi jardín
siempre me llama la atención el girasol torcido
porque aun así que esté encorvado
sigue creciendo y no deja de brillar
es así como me ven los que me quieren de verdad.

que nuestros argumentos tengan fortaleza
sean tomados [de verdad]
lleguen lejos
y encima de todo
sean memorables
la belleza femenina está en la autenticidad, seguridad y fortaleza,
pero, sobre todo, en el apoyo y admiración
que nos damos unas con otras

el empoderamiento de la mujer también existe
cuando admiramos a otra y lo vocalizamos:

"eres alucinante e increíble".

– más de esto entre [nosotras], por favor.

tengo ganas
me dieron ganas
me dieron ganas de viajar al pasado
me dieron ganas de abrazarlo de nuevo, pero más fuerte
me dieron ganas de mirarlo y detallarlo mejor
me dieron ganas de sentir la magnitud de los latidos
que él produce en mi corazón

(pero esta vez en cámara lenta)
me dieron ganas de volver a escuchar sus palabras [de frente]
esas que dan alegría a mis lágrimas pasajeras.

– ganas.

tú con ese corazón tan vacío
el mío tan raro y lleno
acércate para regalarte
un poquito de lo rico y bueno
que tiene el mío.

reírme a carcajadas con esas niñas bonitas
deshace la maldad de esa ansiedad
que habita en mi corazón
son joyas preciosas
un regalo para mis pulmones
mis amigas y sus súper poderes
controlan universos y corazones.

cuando te sientas inferior e indefenso
acércate a mí, no tengas miedo
yo he estado ahí,
yo te entiendo

permíteme decirte un secreto:

no me preocupo por tu pasado
si te soy muy sincera,
no es una amenaza para mí
si no hubiese sido por él
no estarías aquí a mi lado.

hay algo que aprendí
el tiempo lo es todo
el tiempo sana heridas
el tiempo alivia los pensamientos
el tiempo te reivindica.

–el tiempo te llena de carácter y valor.

cada día que pasa me doy cuenta
la fuerza que tienen las palabras
en decretar, proyectar y hacer sentir de cierta manera a otro

– **recordatorio**: sé delicado con lo que dices y cómo lo dices

p.d.: te pido disculpas si alguna vez dije algo
que pudo lanzarte o llevarte a un lugar oscuro

te quiero.

me encanta ver desde una esquina a mis creadores
su energía me motiva a ser mejor
su luz cautiva mi atención
su fe me inspira a querer soñar
su nobleza acaricia mi corazón
su apoyo y compasión
siempre les irradian alegrías a mis miedos
recuerdo que existe el perdón
por si no lo sabían, **soy la hija mayor**
de una **artista caleña** y un **moitaquense experto en béisbol.**

solo mis **padres** me hicieron ver
que ni la tormenta pudo destruir mi jardín
ni las desilusiones, mis sueños
ni el rechazo, mis esperanzas
ni la crítica, mi poca seguridad
ni el silencio, mis sentimientos
me mantuvieron floreciendo
a punta de sus rayos de luz
que vienen de lo más alto del universo.

muchos me critican el hecho
que puedo pasar temporadas "aislada" o "sola"
lo que no saben o no entienden es que para mí esto
es volver a mi centro, volver a mí
mi momento de paz, tranquilidad e intimidad
juzgan sin realmente entender
se preocupan por "eso" que confunden con soledad
lleno de pensamientos negativos
y cuando hago mi regreso triunfal ante la sociedad
es lleno de júbilo y brillo.

constantemente me llega el rumor
de que uno de los adjetivos que utilizan
cuando se expresan de mí es **loca**
¿por qué?
¿porque hago lo que me grita mi instinto
y mi alma sin importarme las consecuencias?

– tal vez loca porque haría cualquier cosa por amor.

la nueva piel que saca la "desmoralización",
"desilusión" y hasta la "humillación"
es más humilde, humana, fuerte, agradecida y hermosa

si no me crees,
mírame para que veas cómo brillo con mis nuevos rayos de sol
y sepas que no te miento con estas cosas.

– nueva piel.

poco a poco me fui convirtiendo
en una mujer de pocas palabras
pero precisas
una mujer más observadora
pero no por ser "penosa" o "introvertida"
sino que al ser más reservada
le daba a mi introspección conocimientos y sentimientos
más prestigio
más valor.

– mujer reservada.

el presente es prioridad
el pasado no volverá
serán simples historias para recordar
deja de [consentir] a tu pasado
tu futuro necesita más de tu atención
tu futuro necesita de toda tu energía, amor y dedicación.

ya no me "impresiona" la belleza de las personas
ni lo lejos que han llegado
ahora me desplomo y me quita el sueño
todo aquel que me haga más grande
todo aquel que me haga mejor persona
que me enseñe con su toque de magia
conocimientos y perspectivas
a ser la mejor versión de mí.

–solo tenemos esta vida,
somos [ricos] y [enormes] en humanidad.

si alguien critica y denigra
lo mejor que tienes para ofrecerle a la vida
[tu Don – tu atributo más grande]
es su forma de justificar que no tiene "eso único"
que a ti te hace brillar
cómo te hace sentir una persona
dice mucho más de ella o él que de ti.

hice un nudito
hice un nudito con tu boca y la mía
para besarnos constantemente

le hice nuditos a mis ojos con los tuyos
para que al sentir sea más fuerte

hice un nudito con mi mente
para estar 100% presente
cuando esté en tu presencia

les hice un nudito a mis alegrías
para vivirlas pausadamente

hice un nudito con mi alma y mi cuerpo
para tenerme siempre

les hice un nudito a mis risas
para nunca perderlas y disfrutarlas continuamente.

a brazos abiertos
a brazos abiertos recibo tus cumplidos
que antes rechazaba
por miedo a caer en la arrogancia

a brazos abiertos acepto tu ayuda
que antes evitaba sin darme cuenta
que tenía que trabajar en mi ego y humildad

a brazos abiertos le doy la bienvenida a tu compañía
que me hace mejor todos los días
y a la que en el pasado le huía
por miedo a quebrarme ante tus ojos
por miedo a ilusionarme
y tener que experimentar desilusión

a brazos abiertos celebro la llegada de tu amor
y con el tiempo entendí que al abrirte las puertas
de mi alma y corazón
generé vida por millón.

un gran aplauso a la vieja versión de mí
por todos los fondos que toqué
los continuos errores que repetí
lo que me enseñó y aprendí
debí tener varios encuentros con los monstruos
que vivían dentro de mí
para realmente llegar a mí
y estar hoy junto a ti.

transfórmate y desaparécete por un rato
finalmente, reaparece
pero esta vez, diferente
esta vez, intimidante y valiente.

cambié
estoy feliz de volverme a conocer.

los errores nos hacen mejores
así que cuando regreses y me llores
no te aferres que no volveré
no te asombres
porque esta vez yo me amaré.

–primero, mi amor propio.

de la mano de mi amor propio y cuidado personal
amarré con una cuerda mi autocontrol.

– ¿de qué sirven las dos primeras si no tengo la tercera?

hay días que puedo pasar largos ratos contemplando al sol
me da la inexplicable sensación de que, por fin,
vendrán por mí

vendrán por mí – los cambios
vendrá por mí – la magia

y solo el cielo azul [infinito]
es testigo de tanta petición.

vivimos tantas vidas en una vida eterna
estoy amando esta
y curiosa por la que me espera.

de todas las "voces" que habitan en mi cabeza
sigo en la constante búsqueda de cuál será la verdadera,
cuál seré yo.

con tu visión y manera de sentir
cambias mi manera de vivir
y aquí estoy,
humildemente aprendiendo cada día de ti.

– Te amo pa.

la mejor manera de describirte es como un **poema**
rimas de par en par
entre líneas hay un **mensaje subliminal**
y lo más espectacular
es cómo hay tanta **pasión** y **profundidad**
en algo **poco expresivo,**
pero **muy sentimental.**

lo único que puedo decir que me da paz
es que todo lo que he hecho en esta vida
sea bueno, sea malo
hasta lo que algunos consideramos "pecado",
todo lo he hecho por **amor**
Dios es mi único juez
y eso a mí, nadie me lo puede quitar.

eres el libro que no dejas de leer
eres la canción de amor que quieres dedicar
eres el atardecer rosado que te detienes a fotografiar
eres las flores que quieres regalar
eres el sol que quieres contemplar.

— eres...

a mí me vas a encontrar
donde sucede todo lo salvaje.

Made in the USA
Columbia, SC
04 May 2024